ASSASSINATION CLASSROOM

YUSEI MATSUI

1

KILLING TIME

CARLSEN MANGA!

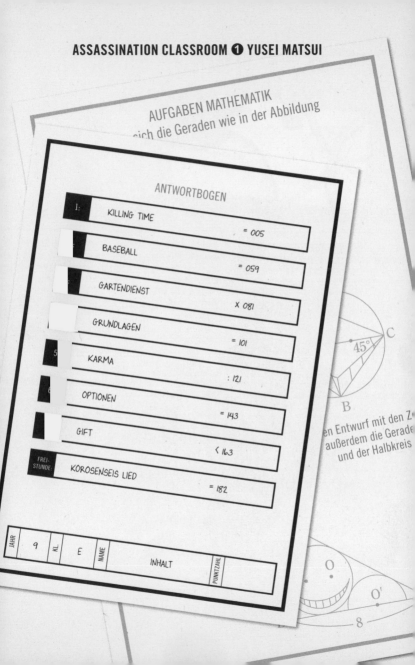

Guten Morgen allerseits!

RA TA TA TA
RA TA TA
RA TA
PA PA MM

H...

... Hier!

Etwas lauter bitte!

RA TA TA TA TA TA

Okano?

Kataoka?

Ja!

Ja!

...

Iso-gai?

Während ihr schießt, prüfe ich schon mal die Anwesenheit...

PAMM

PA PA PAMM

Ihr müsst besser planen.

... werdet ihr mich nie treffen, ich bewege mich schließlich mit Mach 20.

Sonst ...

Genau!

... die Treffer zeigen überhaupt keine Wirkung!

BUUH! BUUH!

...

Sie meinen, Sie sind allen Kugeln ausgewichen? Niemals!

Es liegt an der Softair-Munition...

... euch können die Kugeln nicht viel anhaben. Mir hingegen...

Es stimmt ...

KLICK

Gib mir deine Pistole, Junge.

PAMM

SPLATSCH

Diese Munition ist geradezu geschaffen für Typen wie mich.

OUP OUP OUP OUP OUP

Ihr solltet sie daher nur abfeuern, um mich zu töten. Keine Spielchen!

Für eure Augen sind die Kügelchen allemal gefährlich.

Nun gut ...

... dafür regeneriert es sich auch in Sekundenschnelle.

Mein Gewebe ist weich wie Tofu.

ZUSCH

Kor- rekt!

...

Einzig in seinem Beispielsatz ist »Who« Relativpro- nomen...

Mit dem blauen Tentakel?

He said "who is the I have a frien] who h... who wants to ga who left this sucker o

mike

Welcher der vier Sätze ist anders als die anderen?

Die erste Frage geht an Kimura...

WIE WIR IN DIESE LAGE GERATEN SIND?

Schau, die Mond- sichel...

... und das am hellen Tag!

... Nagi- sa!

Heh ...

... EREIG- NETEN SICH ZWEI DINGE.

ZU BEGINN DES SCHUL- JAH- RES...

... HABEN 30 LEUTE...

PAMM

ABER VOR ALLEM ...

... AUS KURZER DISTANZ EINE GUTE CHANCE, IHN ZU TREFFEN!

PFFFF

Habe ich nicht gesagt: Tötungsversuche nur im dafür vorgesehenen Unterricht?

KRACK

... gleich so rot vor Ärger zu werden...

Okay, aber kein Grund ...

Zur Strafe stellst du dich nach hinten.

Nakamura!

... HERR KARASUMA MIT EINEM SATZ WEGWISCHTE.

FRAGEN, DIE...

UND WARUM SIND WIR ES, DIE IHN UMBRINGEN SOLLEN?

DOCH WARUM WILL ER UNBEDINGT UNSER KLASSENLEHRER SEIN?

Euer Lehrer verschwindet kurz nach China auf eine Portion Mapo-Tofu.

Mittagspause...

Wer mich umbringen will, erreicht mich per Handy.

Den holt nicht mal eine Cruise-Missile runter.

Mapo-Tofu kommt aus Sichuan, bis dahin braucht er zehn Minuten.

Das ist also Mach 20, hm...

ABER ...

... WIR WÄREN AUCH OHNE DAS ALLES KEINE...

... NORMALE KLASSE.

... MACHT ALS LEHRER...

UNSER SUPERKRAKE...

... ZWAR EINEN GANZ NORMALEN UNTERRICHT...

... ALS SEINE KILLER NEHMEN GANZ NORMAL DARAN TEIL.

... UND WIR ...

Heh, Nagisa...

TAPP

... wir haben einen Plan für ein Attentat.

Komm mal eben...

...

Okay.

Da sind die grünen Streifen, wenn er locker ist oder uns verhöhnt, ihr erinnert euch.

Nur grob.

Also, unser Krake wechselt doch je nach Laune seine Gesichtsfarbe...

Hattest du nicht Notizen dazu gemacht?

Interessant ist, dass er nach der Mittagspause...

Klappe!

...antworten wir richtig, hellrosa.

A AKIYAMA
K KIYOHARA
B BURKLEO

Wenn ein Schüler falsch antwortet, wird er lila...

A A
K KIHA
B BARA

Ich?

... erledigst du ihn.

Wenn sein Gesicht verrät, dass er unachtsam ist...

Hier mein perfekter Plan ...

Aber ... A ...

Du bist doch auch in unserer Klasse!

BZZZ

Stell dich nicht so an!

Ein Souvenir ...

Willkommen zurück!

Woher haben Sie die Rakete?

Waah!

ZOMM

... der japanischen Streitkräfte, sie wollten mich überm Meer abfangen.

!

Ach was.

Es ist sicher hart, immer Zielscheibe zu sein...

E...

DONK

Wenn mir alle ans Leder wollen...

... be- weist das nur meine Stärke.

Hm ... ...

... die fünfte Stunde begiiiiinnnt.

Auf, auf... ♪

SO EIN MONSTER WIE ER...

... UM DESSEN STÄRKE ALLE WISSEN...

... VERSTEHT DAS NICHT ...

KOROSENSEI...

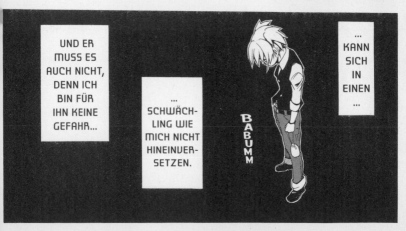

UND ER MUSS ES AUCH NICHT, DENN ICH BIN FÜR IHN KEINE GEFAHR...

... SCHWÄCHLING WIE MICH NICHT HINEINVERSETZEN.

BABUMM

... KANN SICH IN EINEN ...

Nun wollen wir ein Gedicht zum Thema verfassen.

Es soll mit dem Wort »Tentakel« enden.

Ich werde danach bewerten, wie gut ihr die Tentakel eingebaut habt.

Anschließend bringt ihr mir euer Werk.

WEISSE BLÄTTER WEH'N IM GARTEN WIE SCHNEEFLOCKEN AUF TENTAKELN.

Wer fertig ist, darf nach Hause gehen.

Tentakel als Sinnbild für Jahreszeiten?

Hm...

Vielleicht ist das jetzt unpassend ...

... aber wie heißen Sie eigentlich?

Wir müssen unsere Lehrer ja irgendwie unterscheiden.

?

Bitte, Kayano...

Ich hab eine Frage!

Ja-wohl.

Wenn es sein muss, denkt euch einen aus.

Doch nun wollen wir uns wieder konzentrieren.

Mein Name?

Ähem... ich habe gar keinen.

PFFFF

Nagisa...

Schon fertig?

GRMBL

HÄ HÄ

TAPP

AUF KAYANOS FRAGE REAGIERTE ER ETWAS BAFF.

Nanu!

VIELLEICHT IST ER UM DIESE ZEIT AUCH MÜDE... UND UNACHTSAM.

TAPP

OFT, WENN WIR NACH DER MITTAGSPAUSE MÜDE SIND...

... FÄRBT SICH SEIN GESICHT BLASSROSA.

TAPP

BABUMM

... MÜSSEN WIR UNS EBEN AN-DERWEITIG BEHAUPTEN.

BABUMM

WAS WOHL DIE LEUTE SAGEN, WENN ICH ES SCHAFFE?

BABUMM

Nagi-sa...

WENN WIR SCHON ALS SCHÜLER NICHT VIEL TAUGEN...

Er tut es!

BABUMM

WENN ICH IHN TÖTE?!

Ein Selbst-
mordatten-
tat! Damit
hat nicht
einmal er
gerechnet!

Super!

Ge-
schafft!

TRAMPEL

10
Milliarden!

Aber der
Inhalt hat
gereicht.

Schießpulver
und 300 Soft-
air-Kugeln.

Terasaka!
Was hast
du Nagisa
gegeben?!

Ach
...

... nur
eine Spiel-
zeuggra-
nate.

Ich werde ihm
von meinen 10
Milliarden die
Arztkosten
bezahlen.

Für einen
Menschen
nicht
tödlich.

Waas
?!

... UM ZU WISSEN, WELCHE FARBE SEIN GESICHT HAT.

RRRR

RRRR

WIR BRAUCHEN IHN GAR NICHT ERST ANZUSEHEN...

RRRR

RRRR

RABENSCHWARZ!

DAS BEDEUTET ÄRGER!

RRRR

Nein ...

N ...

Es war Nagisa, er...

Das ist doch auf eurem Mist gewachsen!

Terasaka, Yoshida, Muramatsu!

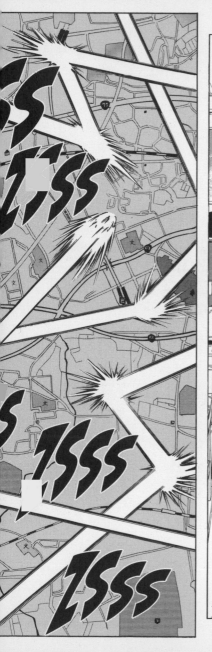

YOSHIDA

MURAMATS

TERASAKA

Äh...

öh...

KLONK

TOCK

KLÖTER

Doch wenn ihr noch mal versucht, mich auf diese Art zu erledigen...

Unsere Türschil- der?!

... darf ich euch keinen Schaden zufügen.

Laut Vertrag ...

... weiß ich nicht, was mit euren Familien geschieht.

NO

HAYAMA

TOCK

SSSS

KLÖTER

HARA

MAEHA

NAKAMURA

SAB BER

...
ach was...
die ganze
Menschheit
könnte ich
ausradieren,
bis auf euch.

Ich
könn-
te eure
Familien
...

SELBST
WENN WIR
BIS ANS
ENDE DER
WELT FLIE-
HEN...

BINNEN
FÜNF
SEKUNDEN
IST UNS
KLAR:

WIR MÜS-
SEN IHN
TÖTEN!

... VOR
IHM GIBT
ES KEIN
ENTRIN-
NEN.

Das ist nicht fair!

Wa...

Was soll das?!

Sie drohen, die Welt zu sprengen, verlangen von uns, Sie zu töten...

... aber versuchen wir's, ist es auch verkehrt!

Unfair? Aber, aber...

Die Idee mit der Granate war ja an sich nicht schlecht.

SCHLURP

Dieser selbstlose Vorstoß und dabei diese natürliche Körperhaltung... das sind glatte 100 Punkte.

Ich bewundere vor allem Nagisa.

Du hast mich eiskalt erwischt.

PATSCH

!

!

... dass Terasaka und Co...

BZZZ

Doch ...

... disqualifiziert sie als gute Killer.

... Nagisas Leben aufs Spiel gesetzt haben...

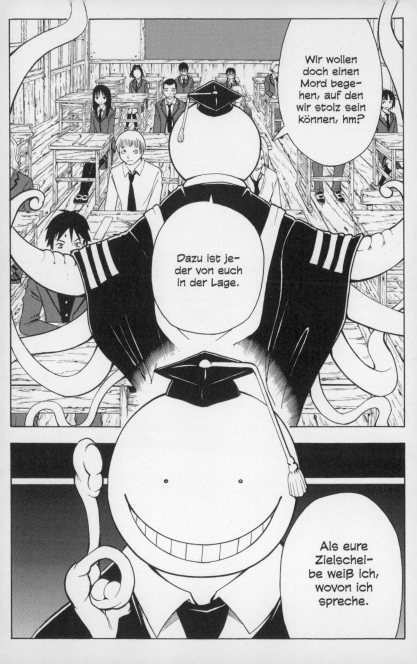

Hier, eine Aufgabe für dich, Nagisa...

Euer Lehrer will partout nicht getötet werden.

Nachdem er die Zeit bis März mit euch genossen hat, droht er, die Welt in die Luft zu sprengen.

Was tut ihr dagegen?

WIR SIND SCHLIESS-LICH SCHÜ-LER.

WIR HABEN NOCH NIE GETÖTET.

ABER ...

DWIT

*Wortspiel aus >>korosenai<< (nicht töten können) und >>Sensei<< (Lehrer)

KOROSENSEI

GEBURTSDATUM	**UNBEKANNT**
GRÖSSE	**AUSGESTRECKT CA. DREI METER**
GEWICHT	**LEICHTER, ALS ER AUSSIEHT**
WERDEGANG	**ZERSTÖRERISCHE SUPER- KREATUR → KLASSENLEHRER**
HOBBY	**ÜBERSCHALLTRIPS**
MOTTO	**LERNEN UND LERNEN LASSEN**
SCHWÄCHE	**NICHT BEKANNT**
STÄRKE	**ZEICHNET WIE EIN GOTT**

TÖTUNGSAUFTRAG –STRENG GEHEIM

OBJEKT HAT DEN MOND GESPRENGT.
PLANT, IN EINEM JAHR EBENFALLS DIE ERDE ZU SPRENGEN.
ACHTUNG: BESITZT UNVORSTELLBARE FÄHIGKEITEN.
AUF SEINEN KOPF SIND ZEHN MILLIARDEN YEN AUSGESETZT.

In Amerika ist die Mondsprengung auch Thema Nummer eins.

Ich hätte mir eine lustigere Titelstory gewünscht.

SCHLÜRF

The K.Y. Times

Moon Havoc Continues...

ALOHA

Mit Drink und Zeitung... beides aus Hawaii.

Hier also macht er es sich jeden Morgen vorm Unterricht gemütlich.

Ha ha...

... die 10 Milliarden gehören mir!

... viel Erfolg.

Hm...

Genau wie du gesagt hast.

Danke, Nagisa!

GWIT

Guten Morgen...

... Nagisa und Sugino!

Na!

Das Grüßen müssen wir wohl noch lernen!

...

Guten Morgen, Koro-sensei!

Wa...

Was ...?!

Einen Baseball mit Softair-Munition zu bestücken ist eine prima Idee.

Kein Schuss und kein Knall wie bei einer Pistole.

ZISCH

!

Aber so...

... konnte ich noch eben den Handschuh aus dem Geräteraum holen.

... bis zu eurem Abschluss.

Seht zu, dass ihr mich erledigt...

... auf zur Stunde.

Und nun ...

J... Ja...

BELOHNUNG: 10 MILLIARDEN YEN!

... DIESES WESEN VOR DEM NÄCHSTEN FRÜHJAHR ZU TÖTEN.

UNSER AUFTRAG LAUTET...

Hey...

Jepp.

Stimmt es, dass Sugino es heute früh verbockt hat?

Schließlich hat es bis jetzt noch keiner geschafft.

Dabei gibt es keinen Grund, deprimiert zu sein.

Sieht ziemlich mitgenommen aus, der Ärmste.

... DER UNTÖTBARE LEHRER.

SEIN NAME: KORO-SENSEI...

Es ist unmöglich!

Er ist einfach zu schnell!

Kommt ihr voran?

Wie sieht es aus?

TADAOMI KARASUMA
VERTEIDIGUNGSMINISTERIUM

Einen, der mit Mach 20 durch die Welt düst, bringt man nicht mal eben um.

... will er sich ein Baseball-spiel in New York ansehen!

Heute Nachmittag zum Beispiel...

PYU UUH

Aus irgendeinem Grund ist er als euer Klassenlehrer absolut zuverlässig.

Trotz alledem, nur ihr habt eine Chance.

Da habt ihr Recht, das schaffen selbst unsere besten Einheiten nicht.

Verkleidung

... jagt er im März die Erde in die Luft.

Wenn ihr es nicht packt...

Am Mond könnt ihr es sehen...

... das überlebt kein Mensch.

Dieser Klassenraum ist der einzige Ort, an dem wir ihn kriegen können!

Er ist eine große Gefahr und muss weg!

... als ich in die E-Klasse kam.

Bin rausgeflogen...

Ach ...

... sei's drum.

Das ist aber eine böse Diskriminierung.

Mit meinen schlechten Noten...

... soll ich mich aufs Lernen konzentrieren, hieß es.

Sie haben ja gesehen...

... wie lahm...

... mein Wurf ist.

Und nun bin ich da, wo ich bin... ganz unten.

Anschlie-ßend hatte ich noch weniger Lust, zu lernen.

So lahm, dass die Schlä-ger jeden meiner Bälle bekommen haben.

Daher bin ich im Team abgestie-gen.

... ich zeig dir was...

Komm ...

Er wird ihm doch nicht den Anschlag von gestern nachtra-gen?!

Meine Güte ...

SCHLUCK

Ich muss Koro-sensei mei-ne Haus-aufgabe vorlegen.

Was er wohl mit Sugino beredet?

TAPP

Ich weiß.

Ich möchte ihn auch nur in eine gute Wurfhaltung bringen.

Und zwar in die von Arita, dem Spitzenwerfer.

Deine Muskeln sind ein Witz verglichen mit Aritas.

Wie sehr ich es auch versuche, einen Wurf wie seinen, so schnell und elegant, bekommst du damit nicht hin.

... meine Tentakel lügen nicht.

Weißt du...

Wie können Sie so etwas behaupten?!

Wie ...

BOFF

...

Ich habe jemandem versprochen, euer Lehrer zu werden, das halte ich ein.

Ganz einfach, mein lieber Nagisa...

... bin ich eben euer Lehrer.

Und solange ich die Welt nicht vernichtet habe...

WUSCH

Mich euch mit Herz und Blut zu widmen...

... ist mir vorerst wichtiger als das Ende der Welt.

Nun ja...

... ich dachte, ihr freut euch über einen kleinen Bonus.

Es ist eher eine kleine Strafe.

Ich kann ja verstehen, dass Sie gern zeigen, wie schnell Sie korrigieren können.

Aber diese merkwürdigen Zusatzaufgaben auf der Rückseite sind nun wirklich nicht nötig.

...

Koro-sen-sei...

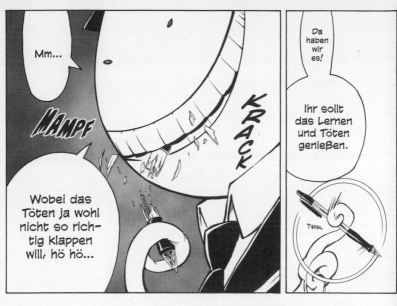

Mm...

MAMPF

KRACK

Wobei das Töten ja wohl nicht so richtig klappen will, hö hö...

Da haben wir es!

Ihr sollt das Lernen und Töten genießen.

TWIRL

ER SCHEINT SICH SEHR SICHER ZU SEIN...

... NIE KRIEGEN WERDEN.

... DASS WIR IHN MIT SEI-NEN WUNDER-TENTAKELN...

Ich übe gerade, den vollen Drall aus Ellenbogen und Handgelenk herauszuholen.

BAMM

Uwaah!

He he ...

Der Ball war nicht zu sehen!

Super, Sugino!

Damit kann ich einen langsamen Straight Ball doppelt so schnell aussehen lassen.

An meinen Bällen ...

... und meinem Attentat.

...

aber

...

... ich arbeite dran.

Er würde darüber wahrscheinlich immer noch müde lächeln...

NAGISA SHIOTA

😊 GEBURTSTAG	**20. JULI**
😊 GRÖSSE	**1,59 M**
😊 GEWICHT	**48 KG**
😊 LIEBLINGSFACH	**ENGLISCH**
😠 HASSFACH	**NATURKUNDE**
😊 HOBBY	**INFOS SAMMELN**
😏 ZUKUNFTSPLÄNE	**KEINE BESONDEREN**
😊 ESSVERHALTEN	**VEGETARIER**
😊 PLAN MIT DEN	
10 MRD. YEN	**KÖRPERGRÖSSE KAUFEN**

Auf geht's.

Er isst ge- raspeltes Eis vom Nordpol mit Sirup.

Da ist er!

Die 10 Milliarden teilen wir uns.

Das holt er sich, als wenn es ein Einkauf um die Ecke wäre.

KRAT KRAT

3: GARTENDIENST

Darf ich auch mal probieren?

TAP TAP TAP

Koro- sen- seeei!

SCHNIEF

Dass sie mit ihren freudigen Gesich- tern...

Die Schüler öffnen ihr Herz!

ICH AUCH! ICH AUCH!

KORO- SEN- SEEEI!

Ooh ...

SSST

SSST

3: GARTENDIENST

... so blutdurs- tig sein können!

Schön behutsam, eine nach der anderen.

Okay.

Die sollten Sie nicht mit Mach 20 einpflanzen.

Jawohl!

Nun pflanzt er Tulpen.

Echt ...

... sagt, er will die Welt vernichten, und jetzt das.

Hm...

Das Monster tut nur so fromm...

Pah!

Vielleicht ist was dabei, was uns für ein Attentat nützt.

Ich notiere Korosenseis Schwächen.

Was schreibst du da?

Nagisa...

Aha...

WIR SIND...

... KILLER.

SCHWÄCHE NUMMER 1

WIRD SCHWACH, WENN ER VERSUCHT, EINE GUTE FIGUR ZU MACHEN.

...

Und?

Nützt uns diese Schwäche?

DIE 9E IST DIE KILLER-KLASSE AN DER KUNUGIGAOKA-SCHULE!

UND DES-HALB ...

Ich werde ab morgen als zweiter Klassenlehrer die 9E in Sport unterrichten.

SCHULDIREKTION

Das Verteidigungsministerium hat Sie sicher bereits informiert.

Ein Monster, das die Welt zerstören will...

Mh...

... bekommt ja auch genug Geld vom Staat.

Sehr einsichtig, dieser Direx.

... und dem kein Militäreinsatz was anhaben kann, arbeitet hier als Lehrer.

Wie dem auch sei...

... die Schuldirektion...

Von dem Geheimnis dürfen nur wir...

... und diese Schüler in der Baracke wissen.

Wirk-lich?!

Wenn du da einmal gelandet bist, bist du echt am Arsch!

... wenn ich noch schlechter werde, muss ich in die E-Klasse!

Mist ...

... und die Normalen behandeln dich wie Abschaum.

Es gibt kein Essen, die Klos sind dreckig, es ist weit weg...

Du musst schon super Noten schreiben, um da wieder wegzukommen.

Ge-nau!

Ich werde mich anstrengen!

Lieber würde ich ein Leben ohne Manga führen, als dort zu enden.

>>E<< heißt Endstation!

... erzeugt man bei den anderen Angst und Überlegenheitsgefühle.

Indem man ein paar Schüler diskriminiert...

Alles klar.

Für die isolierten Schüler hingegen...

... muss sie unerträglich sein.

Ein wohldurchdachtes System.

Für unsere Tötungsmission ist diese abgelegene Baracke genau richtig.

Oh, Herr Karasuma!

Hallo!

Hallo.

STAPF

STAPF

Wo ist er eigentlich?

Korosensei?

KLICK

Wirklich?!

Ab morgen unterrichte ich euch auch.

Na dann... willkommen, Herr Lehrer!

Das wird... äh... fett.

TAPP

Aaachtung!

Hier kommen Stöcker und Seil!

Zur Wiedergutmachung...

Der hat unser Blumenbeet verwüstet.

meinen Notizen nach zu urteilen... Aber warte mal ...

Los!

Vielleicht wird's mehr als nur ein Versuch!

Er...

... hält uns ab-solut zum Narren.

Was ist, Nagi-sa?

KNARK

KNARK

Mich zu töten bleibt wohl ein Tr...

Hö hö, klappt nicht, was?

Trotz Handicap immer noch zu schnell für euch.

Oh!

KRAXX

WUMP

DUPP

WOOOSCH

Wah!

Er ist entwischt!

Gah!

Dabei hatten wir ihn fast!

In your face, Dumpfbacken!

Ha ha, bis hierher kommt ihr nicht!

Ge-mein!

Morgen gibt es doppelte Hausaufgaben!

SCHWÄCHE NUMMER 3
ER IST KLEINKARIERT.

Puuuh

HAPÚH
HAPÚH
HAPÚH

SCHULORDNUNG FÜR SONDERKLASSEN

SCHÜLER, DIE WEGEN LEISTUNGSABFALLS IN DIE SONDERKLASSE
(IM FOLGENDEN »9E«) WECHSELN MUSSTEN...

○ HABEN SICH AUSSCHLIESSLICH IM ALTBAU AUFZUHALTEN. SOFERN NICHT
ZWINGEND NÖTIG, IST IHNEN DAS BETRETEN DES HAUPTGEBÄUDES VERBOTEN.

○ DÜRFEN BEGRENZT AN EINER AG TEILNEHMEN, SOLANGE DIE KONZENTRATION
AUFS SCHULISCHE GEWÄHRLEISTET IST.

○ HABEN IHRE BELANGE IM HINBLICK AUF SCHULISCHE AKTIVITÄTEN GEGENÜBER
SCHÜLERN ANDERER KLASSEN ZURÜCKZUSTELLEN.

○ DÜRFEN BEI GUTEN NOTEN UND WENN IHRE BEMÜHUNGEN ERSICHTLICH SIND,
WIEDER IN IHRE VORHERIGE KLASSE ZURÜCK.

○ WERDEN, WENN SIE AM ENDE DES SCHULJAHRES IMMER NOCH IN DER 9E SIND,
NICHT MEHR IN DIE KUNUGIGAOKA-HIGHSCHOOL AUFGENOMMEN.

○ HANDELN IN EIGENER VERANTWORTUNG UND HABEN DIE OBEN GENANNTEN
REGELN ZU AKZEPTIEREN, DA SIE UND IHRE ERZIEHUNGSBERECHTIGTEN SICH
VOR SCHULANTRITT DAMIT EINVERSTANDEN ERKLÄRT HABEN.

KUNUDON, DAS MASKOTTCHEN
DER KUNUGIGAOKA

4: GRUNDLAGEN

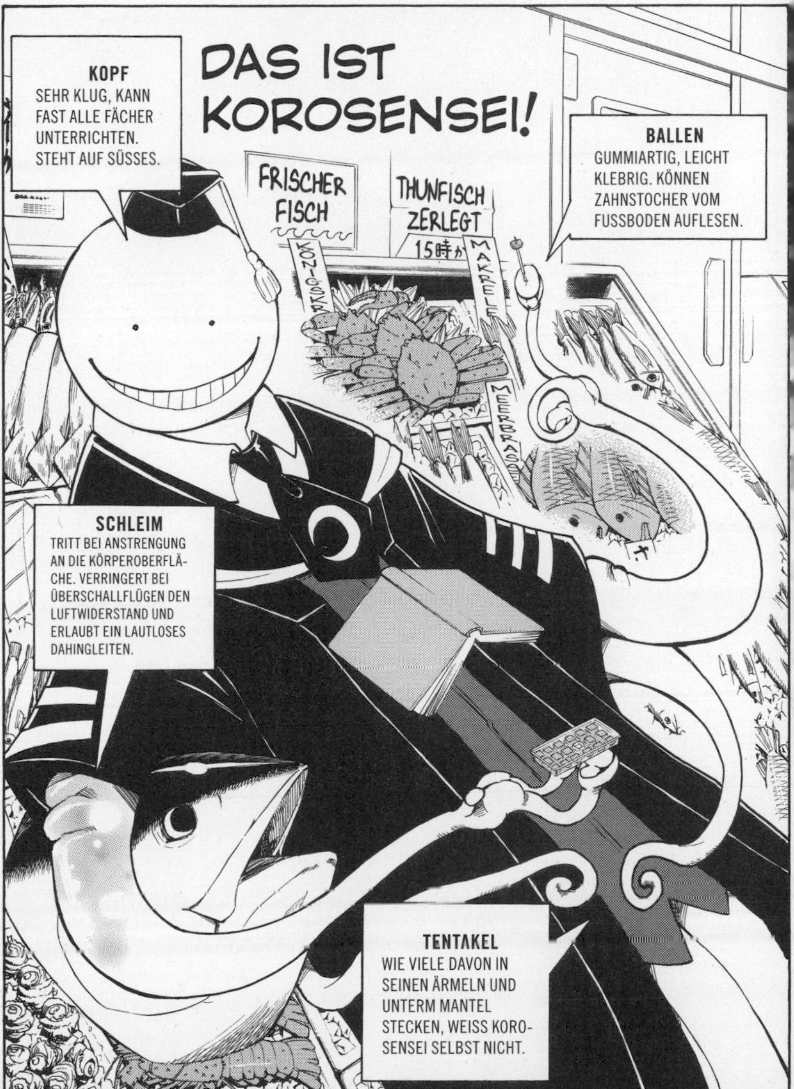

Ein sonniger Tag, Kommandos hallen über den Sportplatz.

Was für ein Frieden!

KOROSENSEI

Eins und zwei und...

Eins und zwei und...

SSSH

Eins und zwei und...

Eins und zwei und...

SSSH

Und nicht die Balance verlieren!

Schön in acht Richtungen schwingen!

SSSH

Trügen sie doch nur keine Schwerter.

Impossible!

Danach wollen wir gleichzeitig das Hexenspiel spielen.

Zuerst die Grundübung, schnelles Hin und Her, bis wir doppelt erscheinen.

Wir wollen lieber einen menschlichen Sportlehrer.

Das ist eine andere Dimension.

SCHOCK

Mal ganz ehrlich, was bringt uns diese Übung?

Noch dazu vor Augen der Ziel-person?!

Endlich, der stört uns nicht mehr.

Machen wir weiter.

SCHLUCHZ

KOROSENSEI

... eine gute Grundlage ist das A und O.

Fürs Lernen wie fürs Töten gilt...

Greift mich mit euren Messern an.

Zum Bei-spiel... Ge-nau...

Isogai und...

... Mae-ha-ra...

?

O...

Okay ...

TAPP

Mit den Plastik-klingen kein Problem.

W...

Wirk-lich?

Fügt ihr mir einen Kratzer zu, machen wir Schluss für heute.

Zu zweit?

HYUMP

Da!

WUS CH

Hnng!

Was ist?!

!

... hat er aus Sand die Osaka-Burg gebaut und eine Teezeremonie abgehalten.

HE HE

Wie är-gerlich ist das denn?!

Während eures Angriffs ...

Da, seht!

... habt ihr auch eine größere Chance auf Erfolg.

Wenn ihr es schafft, mich zu treffen...

HMP

Alles Grundlagen, die ich euch hier im Sportunterricht beibringen werde.

Ihr müsst erst mal den richtigen Umgang mit Messer und Schusswaffe lernen.

DING DONG DENG DONG

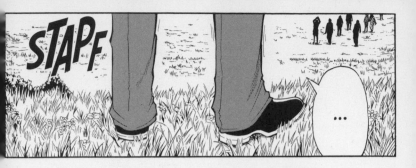

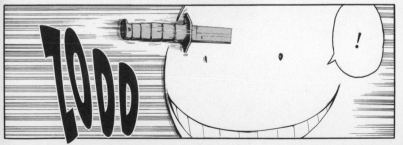

Mein Job ist aufzupassen, dass hier alles richtig läuft...

... und die Kids dich bald töten können.

HÖ

... er lautet >>Halt-den-Rand<<.

Sie dürfen mich auch gern mit meinem Namen ansprechen...

!

Sechste Stunde... Wir schreiben 'nen Test.

HSSS

!

HSSS

HSSS

Sport wär dir lieber gewesen, was?

HSSS

HSSS

HSS

Na-
gisa-
kun
...

Du bist
zurück?

Karma-
kun...

Lange
nicht ge-
sehen.

Der
sieht
ja echt
wie ein
Krake
aus!

Ah
...

Das
muss
Koro-
sensei
sein.

TAPP

Ha ha ...

Muss noch meinen Rhythmus finden.

Am ersten Tag schon zu spät, so geht das aber nicht.

Habe gehört, dein Schulverbot endet heute.

Karma Akabane?

Auf ein nettes gemeinsames Schuljahr!

Sehr erfreut!

GURB

... nennen Sie mich Karma!

Angenehm...

HEPP

SHH...

SHH...

Hab sia zerschnitten und in meine Hand geklebt.

Und diese Klinge tut's bei Ihnen auch.

Echt schnell, Mann!

Hui!

Außerdem, so weit wegzuspringen... Hatten Sie Angst?

TAPP

Eigentlich ein simpler Trick.

Und Sie sind drauf reingefallen.

TAPP

TAPP

SLURP

ZUM ERSTEN MAL ...

... HAT IHN JEMAND VERLETZT!

!

TAPP

Man sagt, Sie heißen Korosensei, weil niemand Sie töten kann.

Mir aber ...

... scheint das ein Kinderspiel zu sein.

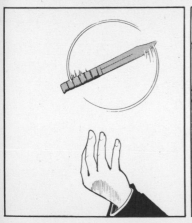

TADAOMI KARASUMA

GEBURTSTAG	15. AUGUST (28 JAHRE)
GRÖSSE	1,80 M
GEWICHT	85 KG
WERDEGANG	1. FLUGGESCHWADER → NACH-RICHTENDIENST → VERTEIDI-GUNGSMINISTERIUM, ABT. SON-DERANGELEGENHEITEN → SPORT-LEHRER 9E
HOBBY	KAMPFSPORT IM ALLGEMEINEN
MOTTO	TUN, WAS MÖGLICH IST. VERSUCHEN, WAS UNMÖGLICH IST.
LIEBLINGSTIER	HUND
WENN ER AN EINEM HUND VORBEILÄUFT	WIRD ER ANGEBELLT

KASCHUMM

Hm ...

Was in aller Welt tut er da?!

KASCHUMM

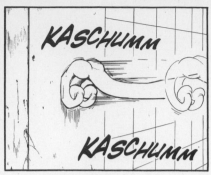

KASCHUMM

KASCHUMM

Karma hat ihn vorgeführt, jetzt ist er sauer.

He he...

KASCHUMM

Härtet sich an der Wand ab.

Der Wand macht's jedenfalls nichts aus bei den weichen Tentakeln.

KASCHUMM

KASCHUMM

KASCHUMM

SCHWÄCHE NUMMER 4
SCHWACHER PUNCH

E... Ent-schul-digt!

Wir schrei-ben einen Test!

Kaschumm! Kaschumm! Das nervt, Koro-sensei!

Heh, Karma ...

Ich weiß echt nicht, was passiert, wenn du ihn weiter so verarschst...

Zu Hause war es sicherer für dich, Digger.

...

Ist doch klar, dass er sauer ist, nachdem ich ihn genarrt habe.

Ach, ich vergaß ...

... es gibt auch welche, die sich dabei in die Hose pissen, nicht wahr, Terasaka?

Ruhe!

Wir schreiben einen Test!

Fass dir an deine eigenen Tentakel!

RAUCH

Hey!

Ich hab mir nicht...

Wenn du Streit suchst, dann...

BAMM

Mmm-
ja...

Werden
Sie mich
schla-
gen?

Und?
Was
jetzt?

N
e
i
n
!

Ich
esse den
Rest.

!

Seit
wann
liegt
denn
die...

ZUCK

... Soft-
air-Mu-
nition
auf dem
boden
?!

KARMA IST ECHT CLEVER.

NACH WIE VOR.

...

... UND TREIBT IHN IN DIE ÄUSSERSTE ECKE.

ER HAT DURCH-SCHAUT, DASS KOROSENSEI SEINE GRENZEN ALS LEHRER NICHT ÜBER-SCHREITET...

DOCH ...

... LEIDER VERWENDET ER SEINEN SCHARFEN VERSTAND...

TAPP

TAPP

... GEGEN KORO-SENSEI.

... UND SEINE TALENTE NICHT NUR...

BHF KUNUGIGAOKA AUSGANG NORD

Bis morgen!

Bye-bye!

Tschüss, Nagisa!

Scheint sich ja wohlzufühlen in der E!

... nicht in unsere Klasse zurückzukehren.

Ein Grund mehr ...

... Schau an...

... Nagisa!

Oh Mann ...

... ich würde lieber Kakerlakenpudding essen, als in der E zu sein.

Übrigens ...

... Akabane ist jetzt auch dort.

Na ... ja ...

Hab gehört, du weißt gut Bescheid über Koro-sensei.

Wie man's nimmt.

Sag mal...

... Nagisa, kann ich dich was fragen?

Aufregen?

Nein ...

... eher im Gegenteil.

Weißt du auch...

... ob er sich aufregt, wenn man ihn Krake nennt?

Neulich zum Beispiel hat er sich eingegraben und sagte...

Manchmal nimmt er sich sogar selbst auf die Schippe.

Er zeichnet sich ja auch als Krake.

NATRIUM

$\frac{(z^2)(x-2)}{2}$

$90 - 4A_1$

SO NICHT!

FEHLER, DER LEICHT PASSIERT. HIER AUFPASSEN!

Krake in Not!

Mir scheint, er betreibt damit so was wie Image-pflege.

Er mag solche Gags.

Sieh an.

Auch wenns nicht immer ankommt.

Was...

...heckst du aus?

Ver-ste-he...

Mir kommt da so ein ge-meiner Gedan-ke.

HE HE

Das war so nicht vorgesehen.

Kein Geld mehr für Eis.

Kochgerät gibt's zum Glück im Schullager.

Muss ich wohl selbst kochen.

Bis zum Zahltag kommt auch keins mehr rein.

...

Guten Morgen!

Was habt ihr ange-stellt?

Nanu?

KASCHAK

Wir haben
diesen armen
Kerl mit
Ihnen ver-
wechselt.

Geben
Sie her,
ich werfe
ihn weg.

Ach, zu
dumm!

Okay.

GLIBB

...

Nach und nach ...

... werde ich Ihre Seele zermürben.

Auch wenn ich Sie jetzt nicht töte.

Ja, kommen Sie nur.

?!

Deiner Gesichtsfarbe nach zu urteilen hast du noch nicht gefrühstückt.

Puah!

!

...

Die sind sehr gesund.

Ich hab mal eben Takoyaki* zubereitet.

WIING

WIING

* Teigbällchen mit Oktopusstücken

... das stumpfe Schwert meiner Mörder schärfen.

... ich will doch nur...

Weißt du, Karma...

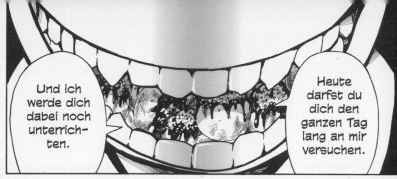

Und ich werde dich dabei noch unterrichten.

Heute darfst du dich den ganzen Tag lang an mir versuchen.

!

Danach ...

... wirst du körperlich und geistig in Höchstform sein.

KEINE ZEIT UND MÜHE SCHEUEN

DAS GEHEIMNIS FACHGERECHTER BELÄSTIGUNG

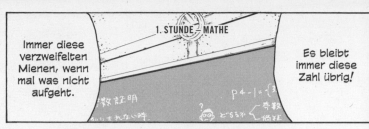

Immer diese verzweifelten Mienen, wenn mal was nicht aufgeht.

Es bleibt immer diese Zahl übrig!

Ich schreibe sie an die Tafel, und wir lösen das Problem gemeinsam.

Aber keine Sorge, ich habe eine prima Methode ausgearbeitet.

KRICKEL KRACKEL QUIETSCH

...

SSST

6: OPTIONEN

4. STUNDE – HAUSHALTSKUNDE

Hm... mal se- hen...

Ist Fuwas Gruppe fertig?

Was ...

... wenn wir es noch mal kochen?

Darf ich?

Ganz schön scharf.

Und das hier weg- schüt- ten?!

SPLOSCH

ES IST UNMÖGLICH.

ABER...

KORO-SENSEI HAT TAUSEND SCHWÄCHEN.

... WIE SEHR IHM KARMA AUCH AUF DIE PELLE RÜCKT...

... UND WENN ER SICH BEEILT, VERLANGSAMT SICH SEIN REAKTIONSVERMÖGEN.

ER IST SCHUSSELIG...

SSST

>>Und als ich daran dachte...<<

* aus »Akagaeru« (Der rote Frosch) von Kensaku Shimaki

Heh, Karma...

Nicht verzweifeln. Wir bringen ihn alle gemeinsam um.

Wenn er erst mal ein Auge auf dich hat...

... kannst du machen, was du willst, du schaffst es nicht.

Er ist halt kein normaler Lehrer.

LEHRER...

...

Und ich werde dir weiter helfen.

Darfst es gern weiter probieren.

Sie sind durch und durch Lehrer?

Davon möchte ich mich gern überzeugen.

?

Sicher.

...

Hmm...

Das tun Lehrer doch, oder?

Natürlich.

... würden auch Ihr Leben für Ihre Schüler riskieren?

Und ...

SSST

Prima!

Dann kann ich Sie töten!

... ist er als Lehrer gestorben.

Lässt er mich fallen...

!

ICH SEHE DIE WELT WIE DURCH EIN KALEIDOSKOP!

Na und?

Was ist falsch daran...

Aus der 9E? DER 9E?!

Deswegen eine Schlägerei anzufangen!

Heh, alles in Ordnung?

3-E

... einem bedrängten Mitschüler zu helfen?

FÜR MICH IST ER GESTORBEN!

Glück-
wunsch,
Akabane!

Ich habe
deine Ver-
setzung
beantragt.

Deswegen
habe ich
dich immer
in Schutz
genom-
men.

Das einzig
Gute an
dir waren
deine
Noten.

BRÖCKEL

Im kom-
menden
Schuljahr
darfst du
in die 9E!

Aber
wenn es
um mei-
nen Ruf
geht,
hört der
Spaß
auf.

BRÖCKEL

BRÖCKEL

Menschen
wie er...

Jetzt weiß
ich: Es gibt
Menschen,
die eigentlich
tot sind.

... auf die
man nicht
mehr zäh-
len kann.

Weichen
Tod ziehen
Sie vor?

... ich wer-
de Sie auf
meine Art
töten!

Koro-
sensei
...

Wa ....?!

... als Lehrer.

Nicht einmal...

Ich hatte geglaubt, ich könnte ihn so am besten töten.

Aber ich muss mir wohl was anderes ausdenken.

... das war echt leichtsinnig!

Karma ...

Hm ...

Sind dir die Ideen ausgegangen?

Was ist?

Im Augenblick bist du noch kein Gegner für mich.

Hier ein paar Werkzeuge, damit kannst du dich für den nächsten Versuch fit machen.

Meine Mordlust steigt wieder.

GRRR

Nur ...

... anders als vorher.

HISSS

... Koro-sensei.

Morgen...

Es ist eine frische, gesunde Mordlust.

Und sein Werkzeug kann er sich sonst wo hinstecken.

GRIEN

Gehen wir, Nagisa.

Wie wär's mit einem Snack unterwegs?

M... Moment!

Das ist mein Portemonnaie!

Na klar!

Was lassen Sie's auch einfach im Lehrerzimmer liegen?

Gib es mir zurück!

TATSÄCHLICH, DAS OPFER...

... HAT SEINEN MÖRDER AUF HOCHGLANZ POLIERT.

Hier!

Heh, es ist leer!

War nur Kleingeld drin, hab es für einen guten Zweck rausgenommen!

DAS IST UNSERE MORDS-KLASSE.

MAL SEHEN, WAS UNS MORGEN EINFÄLLT.

Elender Heuchler!

Ich habe einen
100-Kilometer-Marathon
gewagt und brauchte ganze
24 Sekunden.

245

Die übrig gebliebenen Süßigkeiten behalte ich vorsichtshalber ein.

Damit haben wir den Farbstoff aus den Süßigkeiten isoliert, das Experiment ist abgeschlossen.

DING

DONG

DENG

DONG

Dabei haben wir die Sachen gekauft!

Er ist pleite, bis zum Zahltag beschafft er sich seine Snacks auf diese Tour.

Wozu braucht einer, der die Erde zerstören will, überhaupt Geld?

BABUMM

BABUMM

7: GIFT

TAPP

K... Koro-sensei...

Äh...

Ähemm...

7: GIFT

Das ist Gift...

... trinken Sie!

POLTER

... auffälliger ging es wohl nicht.

Oku-da-san...

Äh...

Nein... äh...

OH OKUDA!

WELCHER IDIOT WÜRDE DAS DENN TR...

I...Ich kann eben keinen Überraschungsangriff so wie die anderen.

A... Aber ...

... dafür kann ich Chemie, ich hab's mit ganzem Herzen zubereitet.

!

Das ...

SCHWANK

TAUMEL

Das ...

TAUMEL

Na dann ...

GLUCK

... rein damit!

Er hat es getrun-ken!

NYUPP

A...
Ach
so
...

Für Menschen
giftig, für mich
offenbar nicht.

Das
schmeckt
nach
Natrium-
hydroxid.

*Ihm
wachsen
Hörner!*

Uh...

Urgl...

G i g i g i
...

Prost!

J
...

Ja...

Aber du
hast ja
noch zwei
Röhrchen.

PLOPP

Nun zum letzten Röhrchen...

Das Aroma von Thallium.

Wie sinnlos am Kopf!

Jetzt sind es Flügel!

Das Zeug hat es in sich!

BABUMM

Was geht jetzt ab?!

BABUMM

BABUMM

Siehst du, es verändert lediglich meinen Gesichtsausdruck.

J...Ja...

Das war Königswasser.

Die Veränderungen sind absolut unvorhersehbar!

Eine ernste Miene!

Was soll das plötzlich?!

Sosehr ihr mich auch hassen mögt, aber hasst niemals euren Unterricht.

Ein Emoticon!

Ein Smiley, der nicht lächelt!

J... Jawohl...

... Entschuldigung!

Gut gemacht!

Sei nur vorsichtig, wenn du ohne Aufsicht Gift mischst...

Danke!

Da...

Falls du nach dem Unterricht Zeit hast ...

... werden wir zusammen nach einer Substanz forschen, die mich tötet.

Warten wir das Resultat ab.

...

Gift mischen mit dem, der es nehmen soll? Na ja...

...

Ja.

Pass auf, dass du das Gas nicht einatmest.

... zum Ethanol noch etwas davon...

Du hast sehr gute Noten in Naturkunde.

... bin ich in Japanisch.

Ganz mies ...

Das hat sich auch hier nicht geändert.

... aber sonst nur Fünfen.

Schon ...

MIT DEM DER PFL GEHT DIE S ÜBER BERGP

>>Ist unbeholfen mit Worten...

Kann menschliche Gefühle nicht ausdrücken...

... und antwortet fast immer falsch.<<

Aber das macht nichts.

Dafür sind meine Formeln in Chemie und Mathe immer richtig.

...

Er wird mich bestimmt loben!

Über die Aufbewahrung von Giften hat er sogar einen Manga gezeichnet!

Wie immer sehr liebevoll.

Er sagt, mein Japanisch ist nicht wichtig, solange ich meine Stärken entfalte.

B...Bitte, Korosensei...

Da ... ... er kommt! Gib es ihm!

Und ob!

KASCHAK

Ich werde es gleich trinken.

Prima!

GLUCK

GLUCK GLUCK

Danke, Okuda!

Hö hö ...

BA BOOMM

D... Das heißt?

KRRSCH KRRSCH

BABUMM

Dank deiner Medizin ...

... scheine ich ein neues Level erreicht zu haben.

BABUMM

BABUMM

BABUMM

O O U G O O

BATZ

!

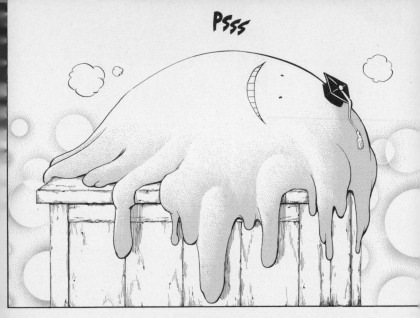

PSSS

Er schmilzt!

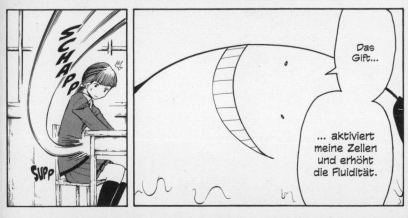

SCHAPP

SUPP

Das Gift...

... aktiviert meine Zellen und erhöht die Fluidität.

SIEHT AUS, ALS...

... WIR ALLE EBEN NUR SCHÜLER.

... MÜSSTEN WIR NOCH VIEL LERNEN.

VOR KO-ROSENSEI SIND...

Doch, Chef, aber ...

... wird das die Schüler nicht ge-fährden?

Wir glauben nicht, dass halbwüchsige Amateure ihn erledigen können.

Die Regierung hat es beschlossen.

Worum sorgen Sie sich mehr? Um Ihre Schüler oder die Welt?

Karasuma!

...

Okay ...

Wer ist es?

Sie hat schon elf Jobs für uns erledigt.

Eine Frau.

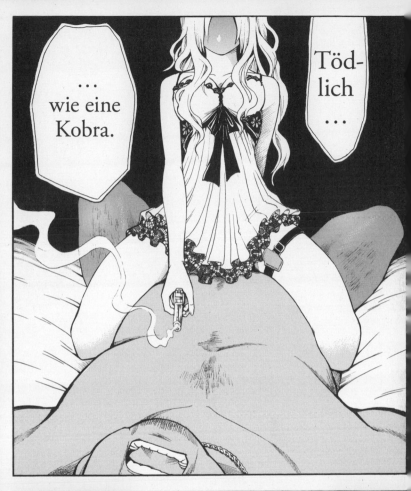

FREISTUNDE: KOROSENSEIS LIED

EINES TAGES AUF DER SCHÖNEN ERDE...

♪
... PFLANZTE ICH EINE BOHNE IN TOKIO...

♪
... UND EINE IN SICHUAN.

♪
DANN ZOG ICH EINEN KONDENS-STREIFEN VON DUBAI BIS NACH HAWAII.

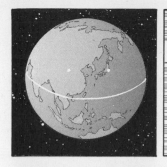

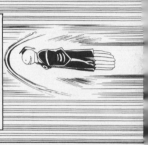

♪
VON HAWAII NACH DUBAI ZOG ICH EINEN WEITE-REN ÜBER DIE PHILIPPINEN.

♪
ZWISCHEN BEIDEN FLOG ICH SENKRECHT HIN UND HER, EINMAL ALLE 20 LÄNGENGRADE VON DUBAI BIS NACH HAWAII...

Un-mög-lich!

... das wollen wir einmal in die Realität umsetzen.

So ...

♪
... IM HAND-UMDREHEN, DENN ICH BIN KORO-SENSEI.

ENDE DER FREISTUNDE

AREA D

STORY: KYOUICHI NANATSUKI

ART: YANG KYUNG-IL

DÜSTERES
ZUKUNFTS-SZENARIO

Nach einer großen Katastrophe bedrohen krasse Mutanten die Menschheit. Um dieser Gefahr Herr zu werden, wird eine Art Gefängnisinsel namens »Area D« errichtet, wohin die gefährlichen »Veränderten« gebracht werden...

www.carlsenmanga.de

TAUCHE EIN IN DIE WELT DER MAGIER UND GILDEN

FAIRY TAIL

Verrückte Magier, mächtige Zauber, geflügelte Katzen und gefährliche Monster – das ist die Welt von »Fairy Tail«. So nennt sich eine Gilde von sympathischen Outlaws, die mit ihren Zauberkünsten gegen das Böse in der Welt zu Felde ziehen. Mehr als einmal schießen sie dabei über das Ziel hinaus…

FAIRY TAIL
von Hiro Mashima

BITTERE KUSS DER LÜGE, DER

von Masara Minase
€ 6,95 (D) / € 7,20 (A)
○ Der bittere Kuss d. Lüge

BLACK BUTLER

von Yana Toboso
€ 6,95 (D) / € 7,20 (A)
○ Band 1 bis 17
○ Band 18 01/15
○ Black Butler
Character Guide
Bislang 19 Bände in Japan

BLACK LAGOON

von Rei Hiroe
€ 6,95 (D) / € 7,20 (A)
○ Band 1 bis 5
€ 6,– (D) / € 6,20 (A)
○ Band 6 & 7
€ 5,95 (D) / € 6,20 (A)
○ Band 8
€ 7,95 (D) / € 8,20 (A)
○ Band 9
Bislang 10 Bände in Japan

BLACK ROSE ALICE

von Setona Mizushiro
€ 5,95 (D) / € 6,20 (A)
○ Band 1 bis 6
Bislang 6 Bände in Japan

BLAST OF TEMPEST

von Ren Saizaki,
Kyo Shirodaira
& Arihide Sano
€ 7,95 (D) / € 8,20 (A)
○ Band 1 bis 5
○ Band 6 02/15
Bislang 10 Bände in Japan

BLOOD HOUND DELUXE

von Kaori Yuki
€ 12,90 (D) / € 13,30 (A)
○ Blood Hound Deluxe (HC)

BORDER

von Kazuma Kodaka
€ 6,95 (D) / € 7,20 (A)
○ Band 1 bis 5
Bislang 5 Bände in Japan

ATTACK ON TITAN

von Hajime Isayama
€ 6,95 (D) / € 7,20 (A)
○ Band 1 bis 4
○ Band 5 12/14
○ Band 6 02/15
Bislang 14 Bände in Japan

ATTACK ON TITAN – SCHUBER

€ 36,– (D) / € 37,10 (A)
○ Schuber inkl. Band 1-5
€ 9,95 (D) / € 10,30 (A)
○ Schuber inkl. Band 5

ATTACK ON TITAN – BEFORE THE FALL

€ 6,95 (D) / € 7,20 (A)
○ Band 1 03/15
Bislang 3 Bände in Japan

BARFUSS DURCH HIROSHIMA

von Keiji Nakazawa
€ 12,– (D) / € 12,40 (A)
○ Band 1 bis 4
In 4 Bänden abgeschlossen

BASTARD!!

von Kazushi Hagiwara
€ 6,– (D) / € 6,20 (A)
○ Band 1 bis 24
€ 6,95 (D) / € 7,20 (A)
○ Band 25 bis 27
Bislang 27 Bände in Japan

BATTLE ANGEL ALITA – LAST ORDER

von Yukito Kishiro
€ 6,95 (D) / € 7,20 (A)
○ Band 16 bis 18
Bislang 19 Bände in Japan

BEAUTIFUL DAYS

von Hiro Madarame
€ 7,95 (D) / € 8,20 (A)
○ Beautiful Days

BILLY BAT

von Naoki Urasawa
& Takashi Nagasaki
€ 8,95 (D) / € 9,20 (A)
○ Band 1 bis 9
○ Band 10 03/15
Bislang 15 Bände in Japan

ALICE ACADEMY

von Tachibana Higuchi
€ 5,95 (D) / € 6,20 (A)
○ Band 2 bis 4, 6 bis 18
Bislang 18 Bände in Japan

ALPHA²

von Kamineo & Kamoi
€ 7,95 (D) / € 8,20 (A)
○ Alpha²

AND WE DO LOVE

von Kazumi Ohya
€ 6,95 (D) / € 7,20 (A)
○ And we do love

ANGEL SANCTUARY

von Kaori Yuki
€ 30,– (D) / € 30,90 (A)
○ Artbook »Angel Cage«
○ Artbook »Lost Angel«

ANGEL SANCTUARY DELUXE
Hardcover Edition

von Kaori Yuki
€ 14,90 (D) / € 15,40 (A)
○ Sammelband 1 bis 10
In 10 Bänden abgeschlossen

AREA D

von Yang Kyung-Il
& Kyouichi Nanatsuki
€ 6,95 (D) / € 7,20 (A)
○ Band 1 bis 3
○ Band 4 12/14
○ Band 5 03/15
Bislang 8 Bände in Japan

ARISA

von Natsumi Ando
€ 5,95 (D) / € 6,20 (A)
○ Band 1 bis 12
In 12 Bänden abgeschlossen

ASSASSINATION CLASSROOM

von Yusei Matsui
€ 5,95 (D) / € 6,20 (A)
○ Band 1
○ Band 2 12/14
○ Band 3 02/15
Bislang 11 Bände in Japan

A KISS FROM THE DARK

von Nadine Büttner
& Michael Waaler
€ 5,95 (D) / € 6,20 (A)
○ Band 1 bis 3
In 3 Bänden abgeschlossen

AB SOFORT DÄMONENKÖNIG!

von Tomo Takabayashi
& Temari Matsumoto
€ 5,95 (D) / € 6,20 (A)
○ Band 1 bis 8
€ 6,95 (D) / € 7,20 (A)
○ Band 9 bis 13
○ Band 14 03/15
Bislang 16 Bände in Japan

ACID TOWN

von KYUGO
€ 7,95 (D) / € 8,20 (A)
○ Band 1 bis 4
Bislang 4 Bände in Japan

ADOLF

von Osamu Tezuka
€ 12,– (D) / € 12,40 (A)
○ Band 1 bis 5
In 5 Bänden abgeschlossen

AFRO SAMURAI

von Takashi Okazaki
€ 14,90 (D) / € 15,40 (A)
○ Band 1 & 2
In 2 Bänden abgeschlossen

AION

von Yuna Kagesaki
€ 5,95 (D) / € 6,20 (A)
○ Band 1 bis 11
In 11 Bänden abgeschlossen

AKIRA – ORIGINAL EDITION

von Katsuhiro Otomo
€ 19,90 (D) / € 20,50 (A)
○ Band 1 bis 6
In 6 Bänden abgeschlossen
€ 29,90 (D) / € 30,80 (A)
○ Artbook »Akira Club«

DEVIL FROM A FOREIGN LAND

von Kaori Yuki
€ 6,95 (D) / € 7,20 (A)
○ Band 1 bis 6
In 6 Bänden abgeschlossen

DEVILS & REALIST

von Utako Yukihiro
& Madoka Takadono
€ 6,95 (D) / € 7,20 (A)
○ Band 1 bis 6
○ Band 7 03/15
Bislang 7 Bände in Japan

D.N.ANGEL

von Yukiru Sugisaki
€ 5,95 (D) / € 6,20 (A)
○ Band 1 bis 15
Bislang 15 Bände in Japan

DOUBT

von Yoshiki Tonogai
€ 7,95 (D) / € 8,20 (A)
○ Band 1 bis 3
€ 8,95 (D) / € 9,20 (A)
○ Band 4
In 4 Bänden abgeschlossen

DRAGON BALL

von Akira Toriyama
€ 5,– (D) / € 5,20 (A)
○ Band 1 bis 42
In 42 Bänden abgeschlossen

DRAGON BALL
(Sammelband)

von Akira Toriyama
€ 5,95 (D) / € 6,20 (A)
○ Sammelbd. 1-16, 18-21
In 21 Bänden abgeschlossen

DRAGON BALL GT

von Akira Toriyama
€ 6,– (D) / € 6,20 (A)
○ Band 1 & 2
In 3 Bänden abgeschlossen

DRAGON BALL Z

von Akira Toriyama
€ 6,– (D) / € 6,20 (A)
○ Band 10
€ 7,– (D) / € 7,20 (A)
○ Band 1, 5, 12
In 15 Bänden abgeschlossen

CHOUCHIN

von Tina Lindhorst
€ 6,– (D) / € 6,20 (A)
○ Chouchin

COOL AS YOU

von Kae Maruya
€ 6,95 (D) / € 7,20 (A)
○ Band 2
€ 7,95 (D) / € 8,20 (A)
○ Band 3
In 3 Bänden abgeschlossen

CRIMSON SHELL

von Jun Mochizuki
€ 6,95 (D) / € 7,20 (A)
○ Crimson Shell

DAWN OF ARCANA

von Rei Toma
€ 5,95 (D) / € 6,20 (A)
○ Band 1 bis 11
○ Band 12 02/15
Bislang 13 Bände in Japan

DEFENSE DEVIL

von Youn In-Wan
& Yang Kyung-Il
€ 5,95 (D) / € 6,20 (A)
○ Band 1 bis 10
In 10 Bänden abgeschlossen

DELILAH'S MYSTERY

von Nam & Tram Nguyen
€ 6,– (D) / € 6,20 (A)
○ Delilah's Mystery

DEMIAN-SYNDROM, DAS

von Mamiya Oki
€ 6,– (D) / € 6,20 (A)
○ Band 3 bis 5
€ 6,95 (D) / € 7,20 (A)
○ Band 6 & 7
Bislang 7 Bände in Japan

DESIRE

von Maki Kazumi
& Yukine Honami
€ 6,– (D) / € 6,20 (A)
○ Desire

CHIBI

€ 1,95 (D) / € 2,– (A)
○ ALADINS ERBIN
von Eva Schmitt
& Janine Winter
○ BLOOD HOUND SPECIAL
von Kaori Yuki
○ DANCING KING
von Carla Miller
& Isabelle Metzen
○ DIE SPUR
von Hellen Aerni
○ DRACHENSCHNEE
von Franziska Steffen
& Tina Lindhorst
○ E-MOTIONAL
von Martina Peters
○ GEEKS
von Michael Rühle
○ KENSEI
von Christian Pick
○ KENTARO
von Kim Liersch
○ LEGACY OF
THE OCEAN
von Marika Herzog
○ LUXUS
von Judith Park
○ MAD MATIC
von Akira Toriyama
○ MAKE A DATE
von Alexandra Völker
○ MASTERMINDS
von Jeffrey Gold
○ PAPAYA
von Reinhard Tent
○ RACCOON
von Melanie Schober
○ STRIKE BACK
von Olga Rogalski
○ TARITO FAIRYTALE
von Detta Zimmermann
○ TODERNST
von Stella Brandner
○ TURNOVER
von Marika Paul
○ UMBRA
von Natalia Zaitseva
○ WHITE PEARL
von Nadine Büttner

CHOPPERMAN

von Hirofumi Takei
€ 4,95 (D) / € 5,10 (A)
○ Chopperman
– Lehrer und Meister
von Hirofumi Takei
& Eiichiro Oda
○ Chopperman:
Band 1 & 2
○ Chopperman:
Band 3 01/15
Bislang 4 Bände in Japan

BRONZE
– THE LAST CHAPTER

von Minami Ozaki
€ 6,95 (D) / € 7,20 (A)
○ Bronze – The Last Chapter

BUDDHA

von Osamu Tezuka
€ 22,90 (D) / € 23,60 (A)
○ Band 1 bis 10
In 10 Bänden abgeschlossen

BUSTER KEEL

von Kenshiro Sakamoto
€ 5,95 (D) / € 6,20 (A)
○ Band 1 bis 8
○ Band 9 02/15
In 12 Bänden abgeschlossen

CALLING

von Kano Miyamoto
€ 6,95 (D) / € 7,20 (A)
○ Band 1 bis 3
In 3 Bänden abgeschlossen

CHEEKY VAMPIRE

von Yuna Kagesaki
€ 5,95 (D) / € 6,20 (A)
○ Band 1 bis 14
In 14 Bänden abgeschlossen
○ Cheeky Vampire
– Airmail

CHEEKY VAMPIRE
X AION: KA-NON

von Yuna Kagesaki
€ 5,95 (D) / € 6,20 (A)
○ Cheeky Vampire
X Aion: Ka-Non

CHERRY LIPS

von Milk Morinaga
€ 6,95 (D) / € 7,20 (A)
○ Band 1 & 2

HIGHSCHOOL OF THE DEAD – FULL COLOR EDITION

von Daisuke Sato
€ 17,90 (D) / € 18,40 (A)
O Band 1 bis 6
O Band 7
Bislang 7 Bände in Japan

HIGHSCHOOL OF THE HEAD

von Daisuke Sato
& Shouji Sato
€ 6,95 (D) / € 7,20 (A)
O Highschool of the Head

HOW TO COSPLAY

Verwandle dich in deinen
Lieblingscharakter
€ 19,90 (D) / € 20,50 (A)
O How to Cosplay

HOW TO DRAW MANGA

von Hikaru Hayashi u. A.
€ 9,95 (D) / € 10,30 (A)
O Lebendige Manga
  Charaktere
€ 16,90 (D) / € 17,40 (A)
O Hübsche Mädchen
  im Manga
O Ninja und
  Samurai 12/14
€ 17,90 (D) / € 18,40 (A)
O Manga-Skizzen
  zeichnen
O Perfekte Proportionen
  im Manga
O Manga-Figuren
  entwickeln
O Manga in der
  dritten Dimension
O Süße Jungs im Manga
O Ausdrucksstarke
  Skizzen im Manga
O Grundlagen der
  Manga-Kunst
O Manga aus der
  richtigen Perspektive
€ 19,90 (D) / € 20,50 (A)
O Von Accessoires
  bis Zubehör
O Manga-Figuren in
  dynamischen Posen
O Oberflächen
  und Strukturen
€ 24,90 (D) / € 25,60 (A)
O Manga-Geschichten
  entwickeln

GORGEOUS CARAT – LA ESPERANZA

von You Higuri
€ 6,95 (D) / € 7,20 (A)
O Band 1 & 2
In 2 Bänden abgeschlossen

GOSSIP GIRL

von Cecily von Ziegesar
& HyeKyung Baek
€ 7,95 (D) / € 8,20 (A)
O Band 1 bis 3
In 3 Bänden abgeschlossen

GREEN BLOOD

von Masasumi Kakizaki
€ 7,95 (D) / € 8,20 (A)
O Band 1 12/14
O Band 2 03/15
In 5 Bänden abgeschlossen

HAUCH DER LEIDENSCHAFT

von Masara Minase
€ 5,95 (D) / € 6,20 (A)
O Hauch der
  Leidenschaft

HE'S MY VAMPIRE

von Aya Shouoto
€ 6,95 (D) / € 7,20 (A)
O Band 1 bis 6
O Band 7 12/14
Bislang 9 Bände in Japan

HIDDEN FLOWER

von Shoko Hidaka
€ 6,95 (D) / € 7,20 (A)
O Band 1 & 2
€ 7,95 (D) / € 8,20 (A)
O Band 3 bis 4
Bislang 4 Bände in Japan

HIGHSCHOOL OF THE DEAD

von Daisuke Sato
& Shouji Sato
€ 6,95 (D) / € 7,20 (A)
O Band 1 bis 7
Bislang 7 Bände in Japan

FESSELN DES VERRATS

von Hotaru Odagiri
€ 6,– (D) / € 6,20 (A)
O Band 1 bis 3
€ 5,95 (D) / € 6,20 (A)
O Band 4 bis 8
€ 6,95 (D) / € 7,20 (A)
O Band 9 bis 11
O Band 12 03/15
Bislang 12 Bände in Japan

FURIOUS LOVE

von Kazuo Kamimura
€ 14,90 (D) / € 15,40 (A)
O Band 1 bis 3
In 3 Bänden abgeschlossen

GEGEN DEN STROM

von Yoshihiro Tatsumi
€ 44,– (D) / € 44,60 (A)
O Gegen den Strom

GELIEBTER AFFE

von Yoshihiro Tatsumi
€ 19,90 (D) / € 20,50 (A)
O Geliebter Affe

GELIEBTER FREUND

von Shoko Hidaka
€ 5,95 (D) / € 6,20 (A)
O Geliebter Freund

GLANZ DER STERNE

von Rei Toma
€ 5,95 (D) / € 6,20 (A)
O Glanz der Sterne

GON

von Masashi Tanaka
€ 5,95 (D) / € 6,20 (A)
O Band 3 bis 7
In 7 Bänden abgeschlossen

GORGEOUS CARAT GALAXY

von You Higuri
€ 7,50 (D) / € 7,80 (A)
O Gorgeous Carat Galaxy

DRAGON GIRLS

von Yuji Shiozaki
€ 10,– (D) / € 10,30 (A)
O Band 2-3, 5-6, 10-12
€ 12,– (D) / € 12,40 (A)
O Band 13 bis 20
Bislang 21 Bände in Japan

DRANG DER HERZEN

von Ren Kitakami
€ 5,95 (D) / € 6,20 (A)
O Drang der Herzen

DYSTOPIA

von Judith Park
€ 6,– (D) / € 6,20 (A)
O Dystopia

EINFACH NUR S UND ABSOLUT M!

von Rei Toma
€ 5,95 (D) / € 6,20 (A)
O Einfach nur S
  und absolut M!

EXISTENZEN UND ANDERE ABGRÜNDE

von Yoshihiro Tatsumi
€ 19,90 (D) / € 20,50 (A)
O Existenzen und
  andere Abgründe

FAIRY CUBE

von Kaori Yuki
€ 6,– (D) / € 6,20 (A)
O Band 1 & 3
In 3 Bänden abgeschlossen

FAIRY TAIL

von Hiro Mashima
€ 5,95 (D) / € 6,20 (A)
O Band 1 bis 35
O Band 36 12/14
O Band 37 02/15
Bislang 45 Bände in Japan
€ 19,95 (D) / € 20,60 (A)
O Fantasia Artbook

FEED ME POISON

von Evelyne Bösch
€ 5,95 (D) / € 6,20 (A)
O Feed me Poison

CARLSEN MANGA! CHECKLIST

LIEBER LEHRER...
von Yaya Sakuragi
€ 6,– (D) / € 6,20 (A)
O Lieber Lehrer ...

LILIENTOD
von Anne Delseit
& Martina Peters
€ 5,95 (D) / € 6,20 (A)
O Lilientod
O Lilientod – Rosenkönig
O Lilientod
– Vergissmeinnicht
In 3 Bänden abgeschlossen

LOST CTRL
von Evelyne Bösch
€ 6,95 (D) / € 7,20 (A)
O Band 1
In 2 Bänden abgeschlossen

LOVE CONTRACT
von Kae Maruya
€ 6,– (D) / € 6,20 (A)
O Love Contract

LOVE HOUR
von Kazumi Ohya
€ 6,95 (D) / € 7,20 (A)
O Love Hour

LOVE INCANTATION
von Kazumi Ohya
€ 6,95 (D) / € 7,20 (A)
O Love Incantation

LOVER'S POSITION
von Masara Minase
€ 5,95 (D) / € 6,20 (A)
O Lover's Position

LUDWIG REVOLUTION
von Kaori Yuki
€ 6,   (D) / € 6,20 (A)
O Band 1, 2 & 4
In 4 Bänden abgeschlossen

MAGIC KNIGHT RAYEARTH
(Sammelband)
von CLAMP
€ 9,95 (D) / € 10,30 (A)
O Sammelband 1 & 2
In 2 Bänden abgeschlossen

KISS & HUG
von Kaco Mitsuki
€ 5,95 (D) / € 6,20 (A)
O Band 1 bis 3
In 3 Bänden abgeschlossen

KISS OF ROSE PRINCESS
von Aya Shouoto
€ 6,95 (D) / € 7,20 (A)
O Band 1 bis 9
In 9 Bänden abgeschlossen

KLEINE KATZE CHI
von Konami Kanata
€ 9,95 (D) / € 10,30 (A)
O Band 1 bis 3
O Band 4 01/15
In 12 Bänden abgeschlossen

K-ON!
von kakifly
€ 7,95 (D) / € 8,20 (A)
O Band 1 bis 4
In 4 Bänden abgeschlossen

K-ON! COLLEGE
von kakifly
€ 7,95 (D) / € 8,20 (A)
O K-ON! College

K-ON! HIGHSCHOOL
von kakifly
€ 7,95 (D) / € 8,20 (A)
O K-ON! Highschool

KYOKO KARASUMA
von Ohji Hiroi
& Yusuke Kozaki
€ 6,95 (D) / € 7,20 (A)
O Band 9
€ 7,95 (D) / € 8,20 (A)
O Band 10
In 10 Bänden abgeschlossen

LADY SNOWBLOOD
von Kazuo Koike
& Kazuo Kamimura
€ 16,90 (D) / € 17,40 (A)
O Band 1 & 2
€ 14,90 (D) / € 15,40 (A)
O Band 3
O Lady Snowblood: Extra

JUICY CIDER
von Rize Shinba
€ 5,95 (D) / € 6,20 (A)
O Juicy Cider

JUNJO ROMANTICA
von Shungiku Nakamura
€ 6,– (D) / € 6,20 (A)
O Band 5, 6, 9
€ 5,95 (D) / € 6,20 (A)
O Band 10, 13
€ 6,95 (D) / € 7,20 (A)
O Band 1-4, 7-8,
11-12, 14-16
O Band 17 01/15
Bislang 17 Bände in Japan

KIGURUMI PLANET
von Ellie Mamahara
€ 6,95 (D) / € 7,20 (A)
O Band 1
In 2 Bänden abgeschlossen

KILLING IAGO
von Zofia Garden
€ 6,– (D) / € 6,20 (A)
O Band 1
€ 5,95 (D) / € 6,20 (A)
O Band 2 & 3
In 3 Bänden abgeschlossen

KIMBA, DER
WEISSE LÖWE
von Osamu Tezuka
€ 19,90 (D) / € 20,50 (A)
O Band 1 & 2 (HC)
In 2 Bänden abgeschlossen

KIMI HE
– WORTE AN DICH
von Christina Plaka
€ 12,90 (D) / € 13,30 (A)
O Kimi He
– Worte an Dich

KIRIHITO
von Osamu Tezuka
€ 16,90 (D) / € 17,40 (A)
O Band 1 bis 3
In 3 Bänden abgeschlossen

HUNTER X HUNTER
von Yoshihiro Togashi
€ 5,95 (D) / € 6,20 (A)
O Band 8-10, 12-16,
19-22, 25-27
€ 6,95 (D) / € 7,20 (A)
O Band 29 bis 32
Bislang 32 Bände in Japan

IDOL
von Stella Brandner
€ 6,– (D) / € 6,20 (A)
O Idol

I AM A HERO
von Kengo Hanazawa
€ 7,95 (D) / € 8,20 (A)
O Band 1 bis 10
O Band 11 01/15
Bislang 15 Bände in Japan

ICH HASSE IHN
von Masara Minase
€ 6,95 (D) / € 7,20 (A)
O Ich hasse ihn

IKIGAMI
– DER TODESBOTE
von Motoru Manase
€ 7,95 (D) / € 8,20 (A)
O Band 1 bis 7
In 10 Bänden abgeschlossen

INTERVIEW
MIT EINEM VAMPIR
– CLAUDIAS STORY
von Anne Rice
€ 19,90 (D) / € 20,50 (A)
O Band 1

JAPANISCH FÜR
MANGA-FANS
von Thora Kerner
& Jin Baron
€ 14,90 (D) / € 15,40 (A)
O Sammelband

JUDGE
von Yoshiki Tonogai
€ 7,95 (D) / € 8,20 (A)
O Band 1 bis 5
€ 8,95 (D) / € 9,20 (A)
O Band 6
In 6 Bänden abgeschlossen

NEON GENESIS EVANGELION

von Gainax
& Yoshiyuki Sadamoto
€ 6,– (D) / € 6,20 (A)
O Band 1 bis 11
€ 5,95 (D) / € 6,20 (A)
O Band 12 & 13
Bislang 14 Bände in Japan

NINJA! HINTER DEN SCHATTEN

von Baron Malte
& Miyuki Tsuji
€ 5,95 (D) / € 6,20 (A)
O Band 1 & 2
In 2 Bänden abgeschlossen

NOBLE CONTRACT

von Kae Maruya
€ 6,95 (D) / € 7,20 (A)
O Noble Contract

ODESSA TWINS – SACRIFICE

von Twintime,
Stefan Brönneke
& Tamasaburo
€ 5,95 (D) / € 6,20 (A)
O Odessa Twins
–Sacrifice

OLD BOY

von Tsuchiya Garon
& Minegishi Nobuaki
€ 12,– (D) / € 12,40 (A)
O Band 1 bis 4
In 4 Bänden abgeschlossen

ONE PIECE

von Eiichiro Oda
€ 5,95 (D) / € 6,20 (A)
O Band 1 bis 72
O Band 73 02/15
Bislang 75 Bände in Japan
€ 7,95 (D) / € 8,20 (A)
O One Piece Blue
€ 8,95 (D) / € 9,20 (A)
O One Piece Red
€ 9,95 (D) / € 10,30 (A)
O One Piece Blue Deep
€ 12,95 (D) / € 13,40 (A)
O One Piece Yellow
€ 19,95 (D) / € 20,60 (A)
O Artbook
»Color Walk 2«
€ 9,95 (D) / € 10,30 (A)

MYSTERIOUS HONEY

von Rei Toma
€ 5,95 (D) / € 6,20 (A)
O Band 1
O Band 2 12/14
In 2 Bänden abgeschlossen

NARUTO

von Masashi Kishimoto
€ 5,95 (D) / € 6,20 (A)
O Band 1 bis 65
O Band 66 12/14
O Band 67 03/15
Bislang 70 Bände in Japan
€ 8,– (D) / € 8,30 (A)
O Naruto:
Die Schriften des Hyo
€ 8,95 (D) / € 9,20 (A)
O Naruto:
Die Schriften des Rin
O Naruto:
Die Schriften des Tô
€ 9,95 (D) / € 10,30 (A)
O Naruto:
Die Schriften des Sha
€ 19,95 (D) / € 20,60 (A)
O Artbook »Uzumaki«
O Artbook »Naruto«

NARUTO – GEHEIMMISSION IM LAND DES EWIGEN SCHNEES

von Masashi Kishimoto
& JUMP Comics
€ 7,95 (D) / € 8,20 (A)
O Band 1 & 2

NARUTO (Nippon Novel)

von Masashi Kishimoto
& Masatoshi Kusakabe
€ 7,95 (D) / € 8,20 (A)
O Unsch. Herz, blutr. Dämon
von Masashi Kishimoto
& Akira Higashiyama
O Die Gesch. e. unb. Ninja
O Blood Prison –
Die Rückkehr des Helden
von Masatoshi Kusakabe
& Akira Higashiyama 02/15

NAUSICAÄ AUS DEM TAL DER WINDE

von Hayao Miyazaki
€ 12,– (D) / € 12,40 (A)
O Band 1 bis 6
€ 16,– (D) / € 16,50 (A)
O Band 7
In 7 Bänden abgeschlossen

MELANCHOLISCHER MORGEN, EIN

von Shoko Hidaka
€ 6,95 (D) / € 7,20 (A)
O Band 1 & 2
€ 7,95 (D) / € 8,20 (A)
O Band 3 bis 5
Bislang 5 Bände in Japan

MILLION GIRL

von Kotori Momoyuki
€ 5,95 (D) / € 6,20 (A)
O Band 1 bis 3
In 3 Bänden abgeschlossen

MIMIC ROYAL PRINCESS

von Utako Yukihiro
& Zenko Musashino
€ 6,95 (D) / € 7,20 (A)
O Band 1 & 2
O Band 3 01/15
Bislang 3 Bände in Japan

MIRI MASSGESCHNEIDERT
(Nippon Novel)

von Renate Kaiser
€ 7,95 (D) / € 8,20 (A)
O Miri maßgeschneidert
– Cosplay, Jeans und...

MISHONEN PRODUCE

von Kaoru Ichinose
€ 5,95 (D) / € 6,20 (A)
O Band 1 bis 4
In 4 Bänden abgeschlossen

MONSTER HUNTER FLASH HUNTER

von Keiichi Hikami
& Shin Yamamoto
€ 6,95 (D) / € 7,20 (A)
O Band 1 bis 6
Bislang 7 Bände in Japan

MONSTER HUNTER ORAGE

von Hiro Mashima
€ 5,95 (D) / € 6,20 (A)
O Band 1 bis 4
In 4 Bänden abgeschlossen

MONSTER SOUL

von Hiro Mashima
€ 5,95 (D) / € 6,20 (A)
O Band 1 & 2
In 2 Bänden abgeschlossen

MAID-SAMA

von Hiro Fujiwara
€ 5,95 (D) / € 6,20 (A)
O Band 1 bis 17
Bislang 18 Bände in Japan

MANGA LOVE STORY

von Katsu Aki
€ 6,95 (D) / € 7,20 (A)
O Band 1-8, 10-21,
23, 27, 29-57
O Band 58 12/14
Bislang 61 Bände in Japan

MANGA LOVE STORY FOR LADIES

von Katsu Aki
€ 6,95 (D) / € 7,20 (A)
O Band 1 & 2
In 2 Bänden abgeschlossen
€ 16,– (D) / € 16,50 (A)
O Artbook »Yura Yura«

MANGA-ZEICHENSTUDIO

von Kaneda Koubou
€ 19,90 (D) / € 20,50 (A)
O Hände und Füße
O Gesichter und
Emotionen 03/15

MANHOLE

von Tetsuya Tsutsui
€ 7,95 (D) / € 8,20 (A)
O Band 1 bis 3
In 3 Bänden abgeschlossen

MANN OHNE LIEBE

von Kano Miyamoto
€ 6,95 (D) / € 7,20 (A)
O Band 1 03/15

MARCH STORY

von Kim Hyung Min
& Yang Kyung-Il
€ 6,95 (D) / € 7,20 (A)
O Band 1 bis 5
In 5 Bänden abgeschlossen

MASHIMA-EN

von Hiro Mashima
€ 6,95 (D) / € 7,20 (A)
O Band 1 & 2
In 2 Bänden abgeschlossen

RUST BLASTER

von Yana Toboso
€ 7,95 (D) / € 8,20 (A)
○ Rust Blaster

SCHATTENARIE

von Zofia Garden
& Anne Delseit
€ 6,95 (D) / € 7,20 (A)
○ Band 1 03/15
In 2 Bänden abgeschlossen

SCHOKOHEXE, DIE

von Rino Mizuho
€ 5,95 (D) / € 6,20 (A)
○ Band 1 bis 6
○ Band 7 02/15
Bislang 11 Bände in Japan

SECRET CONTRACT

von Shinobu Gotoh
& Kae Maruya
€ 5,95 (D) / € 6,20 (A)
○ Secret Contract

SECRET SERVICE

von Cocoa Fujiwara
€ 6,95 (D) / € 7,20 (A)
○ Band 1 bis 8
○ Band 9 03/15
Bislang 11 Bände in Japan

SEHNSUCHT NACH IHM

von Ren Kitakami
€ 5,95 (D) / € 6,20 (A)
○ Sehnsucht nach ihm

SEHNSUCHTSSPLITTER

von Ako Shimaki
€ 5,95 (D) / € 6,20 (A)
○ Sehnsuchtssplitter

**SEHR WOHL
– MAID IN LOVE**

von Rei Toma
€ 5,95 (D) / € 6,20 (A)
○ Sehr wohl – Maid in Love

PROPHECY

von Tetsuya Tsutsui
€ 7,95 (D) / € 8,20 (A)
• Band 1 01/15
• Band 2 03/15
In 3 Bänden abgeschlossen

**PUELLA MAGI
KAZUMI MAGICA**

von Magica Quartet/
Takashi Tensugi/
Masaki Hiramatsu
€ 5,95 (D) / € 6,20 (A)
○ Band 1 12/14
○ Band 2 02/15
In 5 Bänden abgeschlossen

**PUELLA MAGI
MADOKA MAGICA**

von Magica Quartet/
Hanokage
€ 5,95 (D) / € 6,20 (A)
○ Band 1 bis 3
In 3 Bänden abgeschlossen

**PUELLA MAGI
ORIKO MAGICA**

von Magica Quartet/
Kuroe Mura
€ 5,95 (D) / € 6,20 (A)
○ Band 1 & 2
In 2 Bänden abgeschlossen

REGELN DER LIEBE

von Ren Kitakami
€ 5,95 (D) / € 6,20 (A)
○ Regeln der Liebe

ROCK LEE

von Kenshi Taira
€ 4,95 (D) / € 5,10 (A)
○ Band 1 bis 4
○ Band 5 01/15
Bislang 7 Bände in Japan

ROYAL LIP SERVICE

von Marika Paul
€ 6,95 (D) / € 7,20 (A)
○ Royal Lip Service
○ Royal Lip Service
Solitude
In 3 Bänden abgeschlossen

OTOMEN

von Aya Kanno
€ 5,95 (D) / € 6,20 (A)
○ Band 1 bis 9
€ 6,95 (D) / € 7,20 (A)
○ Band 10 bis 15
○ Band 16 12/14
In 18 Bänden abgeschlossen

**OUSAMA GAME –
SPIEL ODER STIRB!**

von Renda/Kanazawa
€ 6,95 (D) / € 7,20 (A)
○ Band 1 bis 5
In 5 Bänden abgeschlossen

PANDORA HEARTS

von Jun Mochizuki
€ 6,95 (D) / € 7,20 (A)
○ Band 1 bis 19
○ Band 20 12/14
Bislang 21 Bände in Japan

PERFUME MASTER

von Kaori Yuki
€ 10,– (D) / € 10,30 (A)
○ Perfume Master

PERSONAL PARADISE

von Melanie Schober
€ 6,– (D) / € 6,20 (A)
○ Personal Paradise
○ P.P. – Miss Misery
€ 5,95 (D) / € 6,20 (A)
○ P.P. – Assassin Angel
○ P.P. – Killer Kid I
○ P.P. – Killer Kid II

PIL

von Mari Yamazaki
€ 16,90 (D) / € 17,40 (A)
○ Pil

PIRAT GESUCHT!

von Matsuri Hino
€ 6,– (D) / € 6,20 (A)
○ Pirat gesucht!

**PLUTO:
URASAWA X TEZUKA**

von Tezuka, Urasawa
& Nagasaki
€ 12,90 (D) / € 13,30 (A)
○ Band 1 bis 7
€ 16,90 (D) / € 17,40 (A)
○ Band 8
In 8 Bänden abgeschlossen

**ONE PIECE: CHOPPER
UND DAS WUNDER DER
WINTERKIRSCHBLÜTE**

von Eiichiro Oda
und Jump Comics
& JUMP Comics
€ 7,95 (D) / € 8,20 (A)
○ Band 1 12/14
○ Band 2 03/15

**ONE PIECE
STRONG WORLD**

von Eiichiro Oda
○ Band 1 & 2
In 2 Bänden abgeschlossen

ONE PIECE
(Nippon Novel)

von Eiichiro Oda
& Tatsuya Hamazaki
€ 6,95 (D) / € 7,20 (A)
○ One Piece
 – Nieder mit Ganzack!
○ One Piece – Rogue Town!

**ONLY THE RING
FINGER KNOWS**

von Satoru Kannagi
& Hotaru Odagiri
€ 6,– (D) / € 6,20 (A)
○ Only the
Ring Finger Knows

**ONLY THE
RING FINGER KNOWS**
(Nippon Novel)

von Satoru Kannagi
& Hotaru Odagiri
€ 7,95 (D) / € 8,20 (A)
○ Band 1 bis 4
€ 8,95 (D) / € 9,20 (A)
○ Band 5
In 5 Bänden abgeschlossen

OPUS

von Satoshi Kon
€ 14,90 (D) / € 15,40 (A)
○ Band 1 02/15
In 2 Bänden abgeschlossen

TANIGUCHI, JIRO

von Jiro Taniguchi
€ 14,– (D) / € 14,40 (A)
O Träume von Glück
€ 14,90 (D) / € 15,40 (A)
O Der Himmel ist blau,
die Erde ist weiß – Bd. 1
O Der spazierende Mann
O Von der Natur
des Menschen
O Der Gourmet
€ 16,– (D) / € 16,50 (A)
O Der Kartograph
O Der Himmel ist blau,
die Erde ist weiß – Bd. 2
O Ein Zoo im Winter
€ 16,90 (D) / € 17,40 (A)
O Die Sicht der Dinge
€ 19,90 (D) / € 20,50 (A)
O Vertraute Fremde
€ 12,– (D) / € 12,40 (A)
O Der geheime Garten
v. Nakano Broadway

TEMPEST CURSE

von Martina Peters
€ 6,95 (D) / € 7,20 (A)
O Band 1
In 3 Bänden abeschlossen

THE BOOK OF LIST
- GRIMM'S MAGICAL ITEMS

von Izuco Fujiya
€ 6,95 (D)/€ 7,20 (A)
O Band 1 02/15
In 6 Bänden abeschlossen

THE LADY AND
HER DEMON BUTLER

von Cocoa Fujiwara
€ 5,95 (D)/€ 6,20 (A)
O Band 1 01/15

THE ROYAL DOLL
ORCHESTRA

von Kaori Yuki
€ 5,95 (D) / € 6,20 (A)
O Band 1 bis 5
In 5 Bänden abgeschlossen

3/11 – TAGEBUCH
NACH FUKUSHIMA

von Yuko Ichimura
& Tim Rittmann
€ 12,90 (D) / € 13,30 (A)
O 3/11–Tagebuch nach
Fukushima

SPIRITED AWAY –
CHIHIROS REISE
INS ZAUBERLAND

von Hayao Miyazaki /
Studio Ghibli
€ 7,– (D) / € 7,20 (A)
O Band 1 & 2, 4 & 5
In 5 Bänden abgeschlossen

SPRITE

von Yugo Ishikawa
€ 7,95 (D) / € 8,20 (A)
O Band 1 bis 4
O Band 5 02/15
Bislang 13 Bände in Japan

STERNBILDER
DER LIEBE

von Chisako Sakuragi
& Yukine Honami
€ 7,50 (D) / € 7,80 (A)
O Sternbilder der Liebe

STRAY LOVE HEARTS

von Aya Shouoto
€ 6,95 (D) / € 7,20 (A)
O Band 1 bis 5
In 5 Bänden abgeschlossen

SÜSSE VERSUCHUNG

von Mio Ayukawa
€ 6,95 (D) / € 7,20 (A)
O Band 1 & 2

SUPER DARLING!

von Aya Shouoto
€ 6,95 (D) / € 7,20 (A)
O Band 1
O Band 2 03/15

SUMMER WARS

von Mamoru Hosoda
& Iqura Sugimoto
€ 6,95 (D) / € 7,20 (A)
O Band 1 bis 3
In 3 Bänden abgeschlossen

SLEEPING MOON

von Kano Miyamoto
€ 6,95 (D) / € 7,20 (A)
O Band 1
€ 7,95 (D) / € 8,20 (A)
O Band 2
In 2 Bänden abgeschlossen

SONATE DES SCHICKSALS

von Kaoru Ichinose
€ 6,95 (D) / € 7,20 (A)
O Son. d. Schicksals

SOUL EATER

von Atsushi Ohkubo
€ 5,95 (D) / € 6,20 (A)
O Band 1 bis 25
In 25 Bänden abgeschlossen

SOUL EATER NOT!

von Atsushi Ohkubo
€ 8,95 (D) / € 9,20 (A)
O Band 1 & 2
Bislang 2 Bände in Japan

SOUL EATER GUIDE BOOK

von Atsushi Ohkubo
€ 8,95 (D) / € 9,20 (A)
O Soul Eater
Guide Book 01/15

SOUL EATER SOUL ART

von Atsushi Ohkubo
€ 24,90 (D) / € 25,60 (A)
O Soul Eater Soul Art

SOULLESS

von Gail Carriger/REM
€ 14,90 (D) / € 15,40 (A)
O Band 1 & 2
O Band 3 01/15
Bislang 3 Bände im Original

SPIEL VON KATZ
UND MAUS, DAS

von Setona Mizushiro
€ 5,95 (D) / € 6,20 (A)
O Band 1
€ 8,95 (D) / € 9,20 (A)
O Band 2

SEKAIICHI HATSUKOI

von Shungiku Nakamura
€ 5,95 (D) / € 6,20 (A)
O Band 1 bis 4
€ 6,95 (D) / € 7,20 (A)
O Band 5 bis 7
O Band 8 02/15
Bislang 8 Bände in Japan

SHAMAN KING

von Hiroyuki Takei
€ 5,– (D) / € 5,20 (A)
O Bd. 1, 5-11, 13-15, 17-20,
23-27, 29-32
In 32 Bänden abgeschlossen

SHINANOGAWA

von Hideo Okazaki
& Kazuo Kamimura
€ 12,90 (D) / € 13,30 (A)
O Band 1 & 2
In 2 Bänden abgeschlossen

SIGNAL RED BABY

von Ren Kitakami
€ 5,95 (D) / € 6,20 (A)
O Signal Red Baby

SILVER DIAMOND

von Shiho Sugiura
€ 6,– (D) / € 6,20 (A)
O Band 1 bis 10
€ 5,95 (D) / € 6,20 (A)
O Band 11 & 27
In 28 Bänden abgeschlossen

SKIP BEAT!

von Yoshiki Nakamura
€ 5,95 (D) / € 6,20 (A)
O Band 1 bis 29
O Band 30 01/15
Bislang 34 Bände in Japan

SKULL PARTY

von Melanie Schober
€ 6,95 (D) / € 7,20 (A)
O Band 1 bis 3
In 4 Bänden abgeschlossen

Y SQUARE

von Judith Park
€ 6,– (D) / € 6,20 (A)
O Y Square
O Y Square Plus

YAMADA-KUN AND THE SEVEN WITCHES

von CLAMP
€ 6,95 (D) / € 7,20 (A)
O Band 1 bis 3
O Band 4 01/15
O Band 5 03/15
Bislang 14 Bände in Japan

YOU & ME, ETC.

von Kyugo
€ 7,95 (D)/€ 8,20 (A)
O You & me, etc. 12/14

YU-GI-OH!

von Kazuki Takahashi
€ 5,– (D) / € 5,20 (A)
O Band 1-5, 7-9, 14,
20-23, 26-28, 31-32,
34, 37-38
In 38 Bänden abgeschlossen

ZEUS COLLECTION

von You Higuri
€ 9,95 (D) / € 10,30 (A)
O Zeus Collection

VINLAND SAGA

von Makoto Yukimura
€ 7,95 (D) / € 8,20 (A)
O Band 1 bis 11
Bislang 14 Bände in Japan

WANTED!

von Eiichiro Oda
€ 5,95 (D) / € 6,20 (A)
O Wanted!

WAS ZUM NASCHEN!

von Yaya Sakuragi
€ 6,– (D) / € 6,20 (A)
O Was zum Naschen!

WELCOME TO THE N.H.K

von Kendi Oiwa
& Tatsuhiko Takimoto
€ 7,50 (D) / € 7,80 (A)
O Band 2 bis 8
In 8 Bänden abgeschlossen

WILD ROCK

von Kazusa Takashima
€ 6,– (D) / € 6,20 (A)
O Wild Rock

WIR! JETZT! HIER!

von Akira Nikata
€ 6,95 (D) / € 7,20 (A)
O Wir! Jetzt! Hier!

WIR BEIDE!

von Milk Morinaga
€ 6,95 (D) / € 7,20 (A)
O Band 1 bis 5
In 5 Bänden abgeschlossen

WISH – SAMMELBAND-EDITION

von CLAMP
€ 9,95 (D) / € 10,30 (A)
O Band 1 & 2
In 7 Bänden abgeschlossen

WUNDERBARE LEBEN DES SUMITO KAYASHIMA, DAS

von Mamahara/Tono
€ 6,95 (D) / € 7,20 (A)
O Band 1 bis 3
In 3 Bänden abeschlossen

UZUMAKI

von Junji Ito
€ 7,95 (D) / € 8,20 (A)
O Band 1 & 2
€ 8,95 (D) / € 9,20 (A)
O Band 3
In 3 Bänden abgeschlossen

VAMPIRE HUNTER D

von Hideyuki Kikuchi
& Saiko Takano
€ 7,50 (D) / € 7,80 (A)
O Band 1
€ 8,95 (D) / € 9,20 (A)
O Band 2, 6, 7
€ 7,95 (D) / € 8,20 (A)
O Band 3 bis 5
Bislang 7 Bände in Japan

VAMPIRE KNIGHT

von Matsuri Hino
€ 6,– (D) / € 6,20 (A)
O Band 5
€ 5,95 (D) / € 6,20 (A)
O Band 2 bis 4, 6 bis 18
O Band 19 02/15
In 19 Bänden abgeschlossen
€ 7,95 (D) / € 8,20 (A)
O Vampire Knight: X
(Official Fan Book)
€ 19,95 (D) / € 20,50 (A)
O Artbook
O Vampire Knight Bd. 19:
Last Night
Special Edition 02/15

VAMPIRE KNIGHT

(Nippon Novel)

von Matsuri Hino
& Ayuna Fujisaki
€ 7,95 (D) / € 8,20 (A)
O Band 1 & 2

VANILLA STAR

von Kano Miyamoto
€ 6,95 (D) / € 7,20 (A)
O Vanilla Star

VENUS VERSUS VIRUS

von Atsushi Suzumi
€ 6,95 (D) / € 7,20 (A)
O Band 1 bis 7
O Band 8 01/15
In 8 Bänden abgeschlossen

TOKYO MEW MEW

von Mia Ikumi & R. Yoshida
€ 5,95 (D) / € 6,20 (A)
O Band 1 bis 7
In 7 Bänden abgeschlossen

TOKYO MEW MEW Á LA MODE

von Mia Ikumi & R. Yoshida
€ 5,95 (D) / € 6,20 (A)
O Band 1 & 2
In 2 Bänden abgeschlossen

TORIYAMA SHORT STORIES

von Akira Toriyama
€ 5,95 (D) / € 6,20 (A)
O Band 1 & 2
O Band 3 12/14
O Band 4 03/15
Bislang 6 Bände in Japan

TRIAGE X

von Shouji Sato
€ 6,95 (D) / € 7,20 (A)
O Band 1 bis 5
€ 7,95 (D) / € 8,20 (A)
O Band 6 & 7
O Band 8 02/15
Bislang 9 Bände in Japan

TWILIGHT: BIS(S) ZUM MORGENGRAUEN – DER COMIC

von Stephenie Meyer
& Kim Young
€ 14,90 (D) / € 15,40 (A)
O Band 1 & 2 (HC)

TWILIGHT: BIS(S) ZUR MITTAGSSTUNDE – DER COMIC

von Stephenie Meyer
& Kim Young
€ 14,90 (D) / € 15,40 (A)
O Band 1

TWINKLE STARS

von Natsuki Takaya
€ 5,95 (D) / € 6,20 (A)
O Band 1 bis 11
In 11 Bänden abgeschlossen

HALT!

ASSASSINATION CLASSROOM

»**ASSASSINATION CLASSROOM**« ist eine japanische
Serie, und selbst wenn ihr ein gelbes Tentakel-Monster sein
solltet, müsst ihr von »hinten« nach »vorn« und von rechts
nach links lesen. Ihr müsst diesen Manga also »hinten«
aufschlagen und Seite für Seite nach »vorn« weiter-
blättern. Auch die Bilder auf jeder Seite und die Sprech-
blasen innerhalb der Bilder lest ihr von rechts oben nach links unten.
Viel Spaß mit »**ASSASSINATION CLASSROOM**«!

CARLSEN MANGA! NEWS jeden Monat neu per E-Mail
www.carlsenmanga.de · www.carlsen.de

CARLSEN MANGA
Deutsche Ausgabe/German Edition · Carlsen Verlag GmbH · Hamburg 2014
Aus dem Japanischen von Jens Ossa
ANSATSU KYOSHITSU © 2012 by Yusei Matsui · All rights reserved.
First published in Japan in 2012 by SHUEISHA Inc., Tokyo.
German translation rights in Germany, Austria and German-speaking Switzerland arranged by SHUEISHA Inc.
through VIZ Media Europe, SARL, France.
Redaktion & Textbearbeitung: Michael Peter · Herstellung: Tobias Hametner
Druck und Bindung: GGP Media GmbH, Pößneck · Alle deutschen Rechte vorbehalten. · ISBN 978-3-551-73942-1
Printed in Germany